笑う回文教室

アタマを回してことばであそぼう

せとちとせ著

創元社

装画・本文絵（カラー）　モリタヒロユキ
（アーティストバンクジャパン）
本文カット（モノクロ）　せとちとせ
装　丁　濱崎実幸

笑う回文教室  目次

回文とは

　上から読んでも下から読んでも同じ音《おん》になり、かつ、意味のある言葉の集まりを「回《かい》文《ぶん》」と言います。同じ音というのが大切で、濁音《だくおん》・半濁音《はんだくおん》・促音《そくおん》・拗音《ようおん》なども「行き帰り」同じでなくてはなりません。これについてはあとでルールとして詳しく述べます。「回文」とは言っていますが、「文」ではない「単語」もその仲間に加えます。「田植唄（たうえうた）」「新聞紙（しんぶんし）」などがその例です。文字の数は二文字以上としま す。「耳（みみ）」「ママ」「九九（くく）」などが最短の「回文」ですね。

　またローマ字回文というジャンルがあります。「ANA（穴）」「AKASAKA（赤坂）」などがその例です。見た目だけでなく、録音して逆に再生しても同じ音に聞こえます。

まえがき

「笑う回文教室」へ、ようこそ。

ところで、回文を読んで笑ってしまうのは、なぜでしょう？　上から読んでも下から読んでも同じ音、それのどこがそんなに面白いのでしょうか。

人には「わかろうとする気持ち」が常にあるのだと思います。それが人類の文明をつくってきたと言えます。

「素手です（すでです）」

「雪崩だな（なだれだな）」

「死にたいタニシ（しにたいたにし）」

……これらはいったい何を言っているのでしょうか。目の前に急に現れた言葉を、自分の経験・知識で理解しようとします。すぐにわからないと、心のどこかが身がまえます。

小さな緊張《きんちょう》が芽生えるのです。しかし、これが「回文」というルール上に生まれた意味のないものだとわかると、その緊張がほぐれます。すなわち「緊張の緩和《かんわ》」です。故・桂《かつら》枝雀師匠《しじゃくししょう》が、笑いとは「緊張の緩和」あるいは「緊張と緩和の並列《へいれつ》」であるとおっしゃっています。まさに、これです。

さらに、回文は「なんだ、意味のないことだったのか」という弛緩《しかん》のあとに「読み返してみる」「確かめる」「あ、なるほどね」と自分の中に取り込みます。このあたりで、次の笑いがやって来る、というのが私の分析です。

ま、そんなことはどうでもよくて、今回も愉快《ゆかい》な回文をたくさん用意いたしました。どうやってつくったのだろうと思われる方のために、つくり方も解説いたします。回文を使ったゲームやパズル、さらに新しい試みも加えています。さあ「笑う回文教室」、はじまります。静粛《せいしゅく》にせず、ワイワイガヤガヤ騒がしくしてください。

「**着替えます**」（**前書き**）（きがえますすまえがき）

せとちとせ

タフなふた

10

毛《け》と仏《ほとけ》

11

パンで電《でん》波《ぱ》

カルテット、太《ふと》ってるか

弾丸《だんがん》だ

仲《なか》良《よ》ししよかな

約《やく》束《そく》や

占《うらな》い習《なら》う

下半身《かはんしん》、墓《はか》

砂場《すなば》手放《てばな》す

ウイと言《い》う

ウクレレ食《く》う

21

看板《かんばん》が岩盤《がんばん》か

無能《むのう》・食《く》う・飲《の》む

蹴鞠《けまり》、競《せ》り負《ま》け

身《み》が軽《かる》い、入《はい》る鏡《かがみ》

回文のルール

回文の魅力の一つに、耳におもしろく響くということがあります。そのために、まずは回文づくりにおけるルールを理解しておくことが大切です。ここでは、本書の回文ルールをまとめておきましょう。

ルール① 「゛」（濁音《だくおん》）、「゜」（半濁音《はんだくおん》）は行きも帰りもそのままに。

例 **考えた答、眼科**（かんがえたこたえがんか）

弾丸だ（だんがんだ）

近辺・ペンキ（きんぺんぺんき）

ルール② 小さい「っ」（促音《そくおん》）、小さい「ゃ」「ゅ」「ょ」（拗音《ようおん》）も行き帰りそのままに。

例 **トップ問うアウトプット**（とっぷとうあうとぷっと）

自然薯、巨人、振子（じねんじょきょじんねじ）

撤去、巨人、除去、切手（てっきょきょじんじょきょきって）

ルール③ 長音《ちょうおん》記号「ー」も行き帰りそのままに。

例 **ルビー、胆石、駅センタービル**（るびーたんせきえきせんたーびる）

ルール④ 「お」と「を」、「じ」と「ぢ」、「ず」と「づ」は区別する。すなわち行き帰り同じに使う。

「鼻血、匙、那覇」（はなぢさじなは）はルール違反。また「留守、叔父、家事をする」（るすおじかじをする）もだめです。音は同じなんですけどね。

ただし、

ルール⑤ 平仮名、片仮名は（同じ音であれば）行き帰り違っていてもよい。

例 **ウクレレ食う**（うくれれくう）

七番、バナナ（ななばんばなな）

ルール⑥ 記号の「（　）」や「?」「!」「…」などは無視します。

例 **「立てっマックス!」すくっ「待ってた?」**（たてっまっくすすくっまってた）

気がつけばバケツ（ガキ）（きがつけばばけつがき）

なお、旧仮名づかいでつくられている「歴史的名作」はたくさんありますが、本書では現代仮名づかいのみ、ということにいたします。

回文ペア①

楽隠居、貯金いくら？（らくいんきょちょきんいくら）

少なく貯蓄なくす（すくなくちょちくなくす）

迂闊、手品同じ手使う（うかつてじなおなじてつかう）

リカバーばかり

ママ気まま（ままきまま）

ママが我がまま（ままがわがまま）

ママがルアー「たー！」。あるがまま（ままがるあーたーあるがまま）

私物、真昼売る、ひまつぶし
（しぶつまひるうるひまつぶし）

つぶしなさい！小さな私物
（つぶしなさいちいさなしぶつ）

禁止っ！発信機（きんしっはっしんき）

禁酒、受信機（きんしゅじゅしんき）

大王イカか？言う甥だ（だいおういかかいうおいだ）

噛める？スルメか（かめるするめか）

回文づくりによる頭のトレーニング

回 論理・言語担当の左脳《さのう》編

言葉をひっくり返すのには少々勇気が要ります。それを乗り越えるために、いちいち紙に書かず頭の中でさかさまにするトレーニングをしましょう。微妙に左脳が疲れます。これが脳を鍛《きた》え、ボケを防ぎます（学術的《がくじゅつてき》な証明はありませんよ、念のため）。

例題1 「寺（てら）」

二文字。瞬時《しゅんじ》に「らて」。これがつらい人は、回文づくり、つらいかも。

例題2 「蹴鞠（けまり）」

三文字です。この長さまでは簡単にできる人が多いようです。一気にさかさまにしても脳から蒸発《じょうはつ》せずに残っています。「けまり」→「りまけ」ですね。

例題3 「投げ縄（なげなわ）」

まず四文字である、と認識します。二文字ずつひっくり返します。「縄（なわ）」をさかさまにして「わな」。これを（脳の）脇《わき》に置いて次に「投げ」。これは「げな」になります。
二つ合わせて「わなげな」となりました。

例題④「飛び越えろ（とびこえろ）」

五文字です。まず二文字分「えろ」→「ろえ」。これを（脳の）脇に置いて次の三文字。
「とびこ」→「こびと」。二つ一緒にして「ろえこびと」。

回 情緒・感覚担当の右脳《うのう》編

左脳編での「成果《せいか》」を回文にします。ここでは右脳を使いましょう。

例1「寺（てら）」と「らて」。「らて」を片仮名でかくと「ラテ」、すなわち「カフェ・ラテ」の「ラテ」ですね。寺でラテを飲むって、ちょっと面白いじゃないですか？　その光景を想像してください。右脳、働いてますか？

そこで、

「寺でラテ（てらでらて）」という回文ができます。

他にも「らて」から「空手（からて）」を思いつき、「**寺から空手**（てらからからて）」。
「裏手（うらて）」を思いつき「**寺、裏手**（てらうらて）」。「平手（ひらて）」だと「**寺、**

平手（てらひらて）」。やっぱり「寺でラテ」が一番です。その評価・判断も右脳の役目です。右脳の使い方、いいですね？

例2 「蹴鞠（けまり）」と「りまけ」。蹴鞠もスポーツ。勝ち負けがあります。「りまけ」を「り」＋「まけ」と分解します。ここは左脳の仕事ですが、右脳が「まけ」＝「負け」を意識していきます。ここ大切です。かくて「競り負け（せりまけ）」が出てきます。

「**蹴鞠、競り負け**（けまりせりまけ）」

やんごとなき方が、惜《お》しいところで負けて悔《くや》しがっている光景を思います。右脳から笑いがこみあげてきます。

例3 「投げ縄（なげなわ）」と「わなげな」。右脳が「投げ縄」に関係するものをイメージしていきます。カウボーイ、牛、ロープ……思いつきません。ここはあきらめて「投げるもの」をイメージ。「わなげ」＋「な」に分解。「輪投げ（わなげ）」！　投げ縄をしている男と輪投げをしている人で、右脳がＯＫと言います。

「**輪投げ投げ縄**（わなげなげなわ）」

例4 「飛び越えろ（とびこえろ）」と「ろえこびと」。「ろえ」＋「こびと」と分解すると「こびと」が登場しました。イメージが広がります。右脳の出番です。こびとは何を飛び越えるのか？　「ろえ」の付く単語は「アロエ」「衰え（おとろえ）」「揃え（そろえ）」「心得（こころえ）」など。断然「アロエ」でしょう！　「アロエ」を飛び越えている姿が浮かびます。こびとには手ごろな大きさ・高さです。

「飛び越えろアロエ、こびと！（とびこえろあろえこびと）」

回 まとめ

というわけで、脳を左右別々に働かせたり、同時に働かせたりと、これが回文づくりの特徴と言えます。私、俳句《はいく》もやっております。最近気がついたのですが、回文づくりモードに入っている時は、俳句ができません。その逆もしかりで、俳句にどっぷりつかっている時は回文がつくれません。回文ってけっこう脳を支配するんですね。そして、よい回文ができた時に「やったー」という達成の喜び物質が脳にばらまかれます。結論、回文づくりは脳にいい！　個人の意見ですけれど。

回文ペア②

無とアトム（むとあとむ）

拝むと、アトム顔（おがむとあとむがお）

稲荷、足りない（いなりたりない）

稲荷、退屈と暇、今一つ食い足りない（いなりたいくつとひまいまひとつくいたりない）

沈没盆地（ちんぼつぼんち）

断崖海岸だ（だんがいかいがんだ）

きつい町にいます。毎日、毎月（きついまちにいますまいにちまいつき）

師といます。毎年（しといますまいとし）

女子の持ち物所持
（じょしのもちものしょじ）

女子の品、堪忍、認可なしの所持
（じょしのしなかんにんにんかなしのしょじ）

六番、ベートーベン暴露（ろくばんべーとーべんばくろ）

田園で？（でんえんで）

ちょっとつくってみます？回文

回文づくりは、やはり、言葉をさかさまにしてみるところからはじまります。身のまわりにあるもの、会話の言葉、ニュースのタイトル、広告のキャッチフレーズや企業名、人名・地名などの固有名詞、動植物名、などなど。しかし、回文になりやすいものと、そうでないものがあります。「パソコン」「ちょっと」「日清食品」「巨人ファン」「四十雀（しじゅうから）」などは難しい例です。手のつけようのないものもあります。一方、たとえば「たいてい」などは、つくってみる気になる言葉です。「たいてい」のさかさまは「いていた」。「たいてい……いていた」。ほら、もう何かできそうです。

例：たいてい空いていた（たいてい**あ**いていた）

公園のベンチ。どこに座ってお弁当を食べようか、というシーンです。

では、ほとんどの花が開花していたという状況だと？

問題❶：たいてい（　）いていた。

森の中、多くの鳥たちがさえずっています……だと？

問題❷：たいてい（　）いていた。

答：①さ（咲）　②な（鳴）

同様に、

たいてい書いていた（たいていかいていた）
たいてい聞いていた（たいていきいていた）
たいてい解いていた（たいていといていた）
たいてい掃いていた（たいていはいていた）
たいてい巻いていた（たいていまいていた）
たいてい焼いていた（たいていやいていた）
たいてい湧いていた（たいていわいていた）……などができます。

次に、一つのジャンルの言葉で楽しんでみましょう。短い動物の名前を次々にさかさまにしてみます。「かば」「りす」「ねこ」「くま」→「ばか」「すり」「こね」「まく」。
つまり、「かばはバカ」「りすのスリ」「ねこのコネ」「くまの幕（くまのまく）」。

問題❸：「象（　）うぞ」…（ぞう（　）うぞ）
一文字を入れてください。

問題❹：「猪（　　　）」…（いのしし（　　　））
二文字を入れてください。

問題❺：「配る（　　　）」…（くばる（　　　））
今度は、動物名を入れる。二文字です。

問題❻：「ライオン、（　　　）」

倒置法《とうちほう》で自己紹介。三文字。

答：③「ど」「か（買）」。つまり「象、どうぞ」（ぞうどうぞ）、「象買うぞ」（ぞうかうぞ）。
「食う」「縫《ぬ》う」「舞う」「酔う」もありですね。
④「の胃」（のい）。つまり「猪の胃」（いのししのい）。
⑤「ばく」（獏）。つまり「配る、獏」（くばるばく）。
⑥「おいら」。つまり「ライオン、おいら」。
だんだんシュールになってきます。ふだんの動物からの連想では生まれないものができあがります。これも回文ならではの面白味。

早いもので、女房《にょうぼう》と結婚してもう五〇年ですよ。なれそめですか？　実は、女房が私に惚《ほ》れたんですよ。あなたについて行きます！みたいな、ね。今じゃすっかり忘れているでしょう。さてさて、掃除《そうじ》が終わったら洗濯物《せんたくもの》を干《ほ》さなくちゃ。でも、思い出すなあ、うふふ。

金婚式し、かつ、懐かしき新婚期

（きんこんしきしかつなつかしきしんこんき）

現代の日本でこんな犯罪《はんざい》が起きるとはね。プロの裁判官《さいばんかん》である私もびっくりです。白馬《はくば》にまたがってやって来て、人を殺《あや》めるんですからね。そして馬の足音とともに闇《やみ》に消えてゆく。いやあ、美しいとさえ思えます。内緒《ないしょ》ですけど。

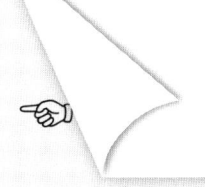

近日裁く犯人「白馬殺人鬼」

（きんじつさばくはんにんはくばさつじんき）

「罠《わな》にかかった私を助けていただいた御礼《おれい》です」。子ダヌキは担《かつ》いでいたものを私に差し出した。「焚《た》き木《ぎ》に使ってください」。……まだ小さいタヌキだけれど、感心である。また遊びにおいで、ありがとうね。

で、いつか来なさい、小さな木かついで

（でいつかきなさいちいさなきかついで）

彼氏ができたらしいよ。仕事？　どうやら土木建築関係《どぼくけんちくかんけい》らしいよ。ところで、関西人の口癖《くちぐせ》に「知らんけど」があるよね。あれって、責任回避《せきにんかいひ》だよね。ま、そこが関西人なんだけど。

土建らしい、知らんけど

（どけんらしいしらんけど）

信じてもらえないかも知れないけど、カッパと親友なんですよ。きっかけ？　去年の夏、滝で泳いでたらね、カッパが来て自己紹介するもんだから、俺も自分の名前とか教えて……いい奴《やつ》ですよ。意外と。

滝でつながりが夏できた

（たきでつながりがなつできた）

ローマ字回文

ARETA TERA（荒れた寺）

IROIRO IKISINI SIKI ORIORI（いろいろ生き死に、四季《しき》折々《おりおり》）

ONOMIMONO（お飲み物）

ITU KARA KARAKUTI ?（いつから辛口《からくち》？）

OKARA TO TARAKO（おからとタラコ）

USAGI NO KO NIGASU（ウサギの子、逃《に》がす）

USI UGUISU（牛・ウグイス）

URA MO NIHON NO HINOMARU（裏も日本の日の丸）

ATTI KARA KITTA（あっちから切った）

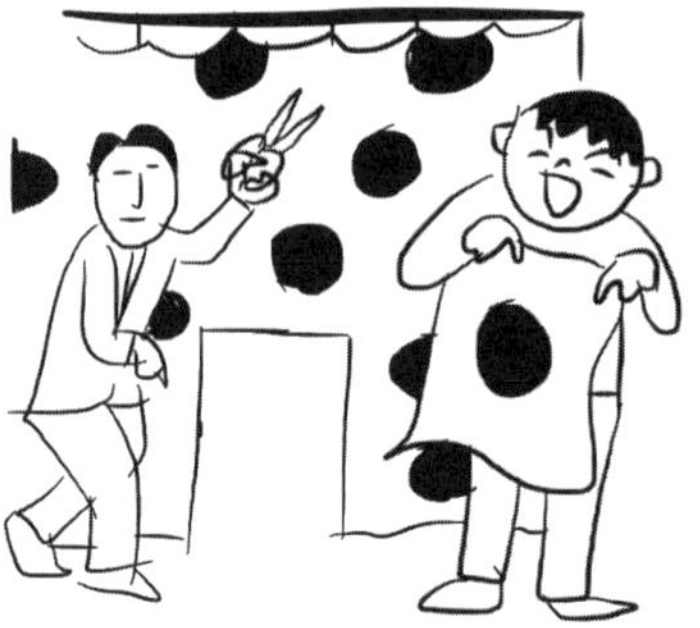

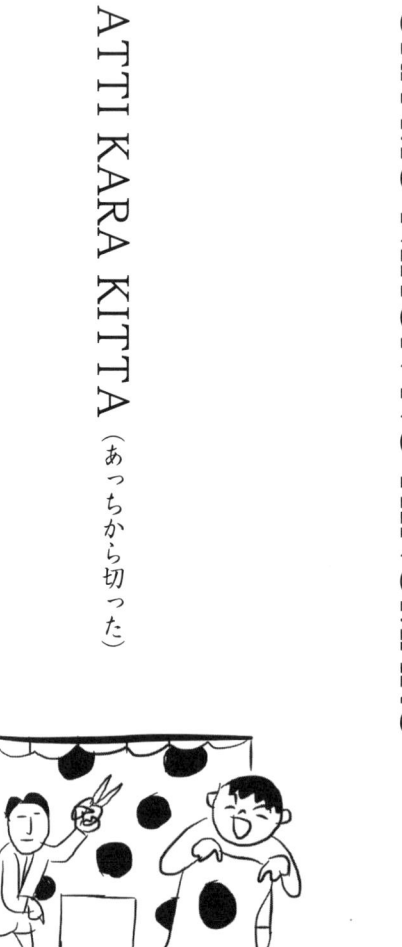

ISU MIKAN NAKIMUSI（椅子《いす》・ミカン・泣き虫）

IKA BUTA TUBAKI（イカ・ブタ・ツバキ）

回文連発（一発目）

回 対岸問題

対岸に黒い六人がいた
（たいがんにくろいろくにんがいた）

対岸に悔しい大使・役人がいた
（たいがんにくやしいたいしやくにんがいた）

対岸に七（五）（四）人がいた
（たいがんになな〈ご〉〈よ〉にんがいた）

回 解答問題

冴えた答「さ」（さえたこたえさ）

教えた答「塩」（おしえたこたえしお）

聞こえた答「古希」（きこえたこたえこき）

知り得た答「利子」（しりえたこたえりし）

答「たこ」（こたえたこ）

解答とイカ（かいとうといか）

回 画家問題

科学が描く、画家（かがくがえがくがか）

屈む画家（かがむがか）

花街・島の子好ましい画家（かがいしまのここのましいがか）

蚊が飛ぶと画家（かがとぶとがか）

加賀の国、たぶん豚肉の画家（かがのくにたぶんぶたにくのがか）

遺作なき画家がきな臭い（いさくなきがかがきなくさい）

だん問題

断片だ（だんぺんだ）

弾丸だ（だんがんだ）

談判だ（だんぱんだ）

団欒だ（だんらんだ）

断然安全だ（だんぜんあんぜんだ）

断定、回転だ！（だんていかいてんだ）

断定か？五回転だ（だんていかごかいてんだ）

断定！採点だ（だんていさいてんだ）

断定、栄転だ（だんていえいてんだ）

回文スタンプ

朝《あさ》だ。さあ!
たぶんブタ

歌《うた》うたう
たぶんブタ

泣《な》くな
たぶんブタ

黙《だま》れまだ。
たぶんブタ

鍋《なべ》食《た》べな
たぶんブタ

怒《いか》りを理解《りかい》
わかる
たぶんブタ

約束《やくそく》や
たぶんブタ

寝《ね》るね
たぶんブタ

食いに行く
たぶんブタ

カスですか?
たぶんブタ

余《よ》談《だん》だよ
気にしないで
たぶんブタ

否《いな》めない
たぶんブタ

見《み》込み
たぶんブタ

出《で》るで出《で》るで
たぶんブタ

行《い》こう来《こ》い!
たぶんブタ

おかしいし、顔《かお》
ブヒ
たぶんブタ

自慢《じまん》マジ?
たぶんブタ

いやはや速《はや》い
たぶんブタ

極楽落語（ごくらくらくご）

第一話 ◎ 見なはれ花見（みなはれはなみ）

しなはれ、ほれ、話（しなはれほれはなし）
そうでんな。なんで嘘？（そうでんななんでうそ）
見なはれ、カウチに今も毎日浮かれ、花見（みなはれかうちにいまもまいにちうかれはなみ）
世間か、あかん！消せ！（せけんかあかんけせ）
何これ？不穏。オフレコにな（なにこれふおんおふれこにな）
なんでや、わやでんな

第二話 ◎ 目立つ奴だめ（めだつやつだめ）

むすことええとこ住む（むすことええとこすむ）
旦那らしい、知らなんだ（だんならしいしらなんだ）
やや幸せ。お世話、芦屋や（ややしあわせおせわあしやや）
目立たなあかんか？あなた駄目！（めだたなあかんかあなただめ）

第三話 ◎ ないかいな？

軽やかに何かやろか？（かろやかになにかや

ろか）

何かいな？ない？鉋（なんかいなないかんな）

鉋かなんか？（かんなかなんか）

ないかいな？

この、ノコ。

鉈っ！あったな？（なたっあったな）

力むキリ（りきむきり）

痴漢とトンカチ（ちかんととんかち）

なんか、いかんな

貸そか？（かそか）

すまんの、頼んます（すまんのたのんます）

第四話回出るで（でるで）

出るで、出るで！（でるでるで）

勘やな？穴やんか（かんやなあなやんか）

穴ん中はかなんなあ（あなんなかはかなんなあ）

穴なあ……（あななあ）

ヤモリもや！

第五話回宿屋（やどや）

長旅、伸びたがな（ながたびのびたがな）

どやろ？宿（どやろやど）

ないかいな？

宿屋、どや？（やどやどや）

なんでか、なかなかでんな

宿屋……（やどや）

やれやれや

どや！ここ、宿！（どやここやど）

勘や。ええやんか！（かんやええやんか）

第六話 回 何でもでんな（なんでもでんな）

八百屋？（やおや）
酢橘だす（すだちだす）
何や？桃やんな（なんやももやんな）
茄子、でこぼこですな（なすでこぼこですな）
酢だこだす（すだこだす）
何でもでんな（なんでもでんな）
あ！
蟹か？（かにか）
中にカニかな？（なかにかにかな）
わ！
逃がしや、ヤシガニ！（にがしややしがに）

回文パズル

タテもヨコも回文。
対称性《たいしょうせい》を考えて□の部分に文字を埋めてください。

Q1

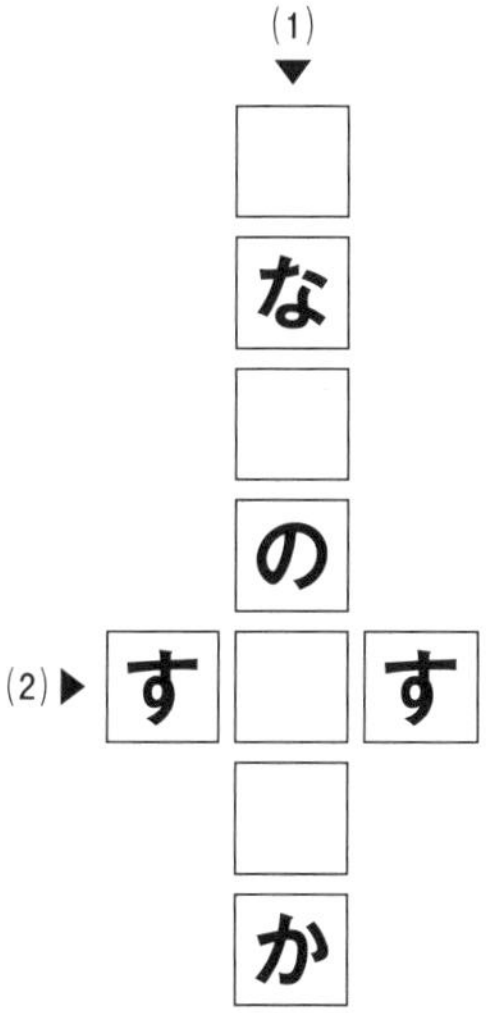

ヒント

(1) 妻の出身地

(2) 時計で有名な国

Q2

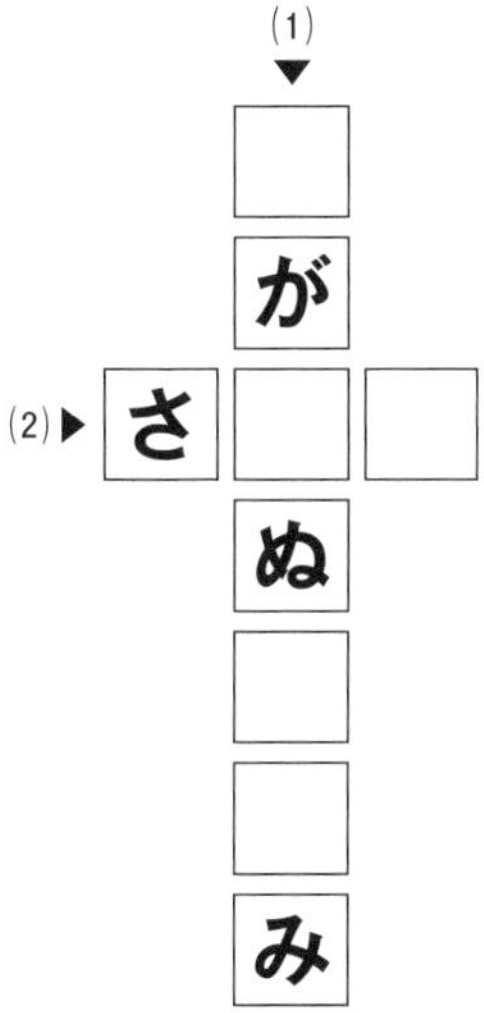

ヒント

(1) くもってます

(2) ひっくり返ってます

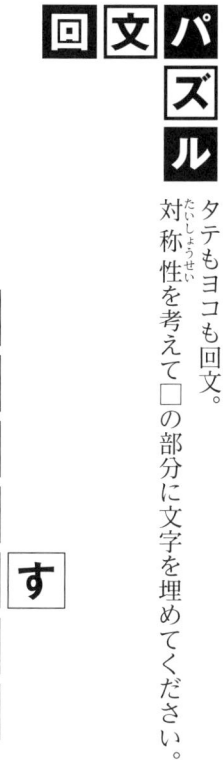

Q3

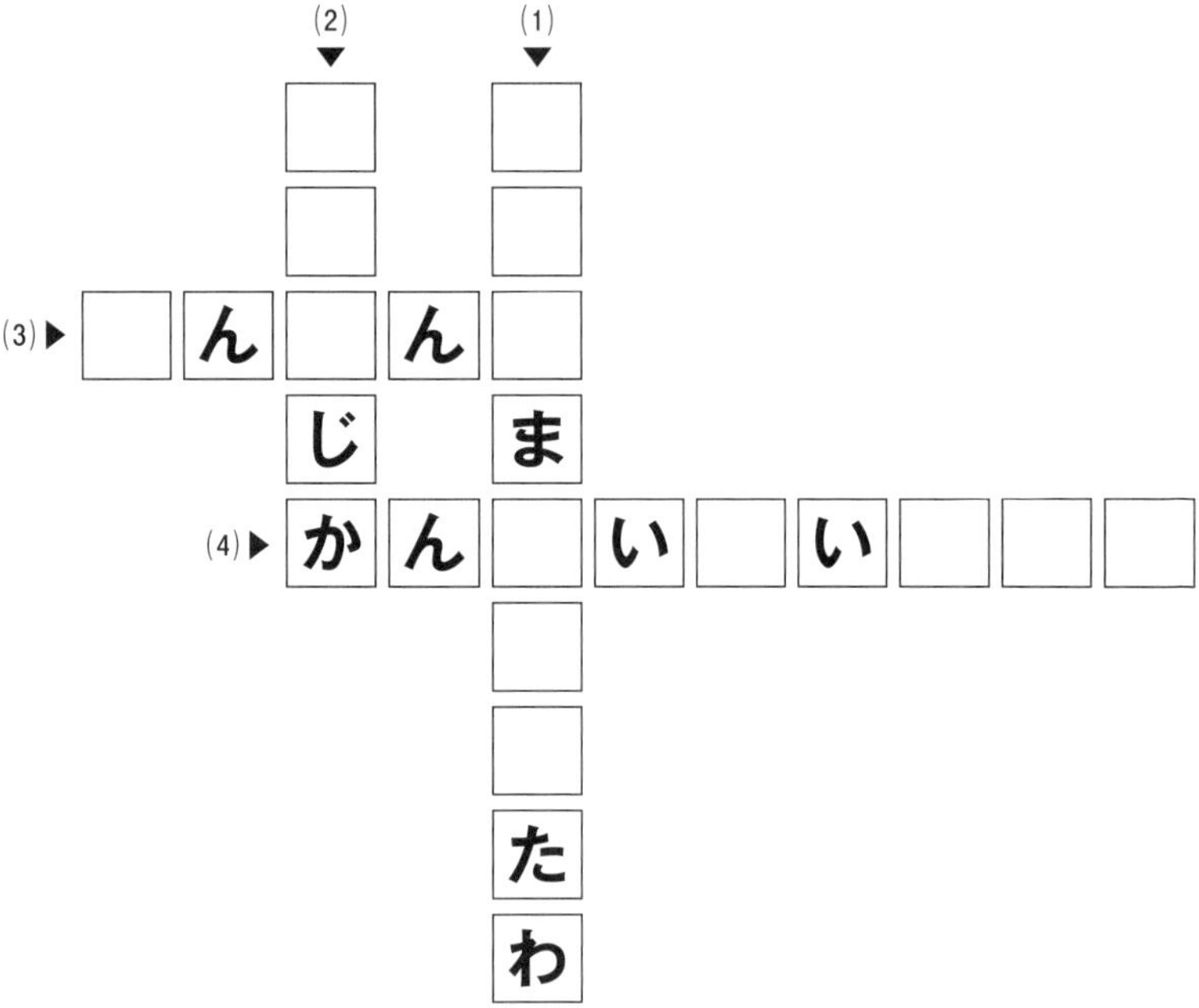

ヒント

(1) 敗北《はいぼく》を認《みと》める

(2) おたく、燃えなかった？

(3) ニュースペーパー

(4) 関《かか》わりのない争《あらそ》い

Q4

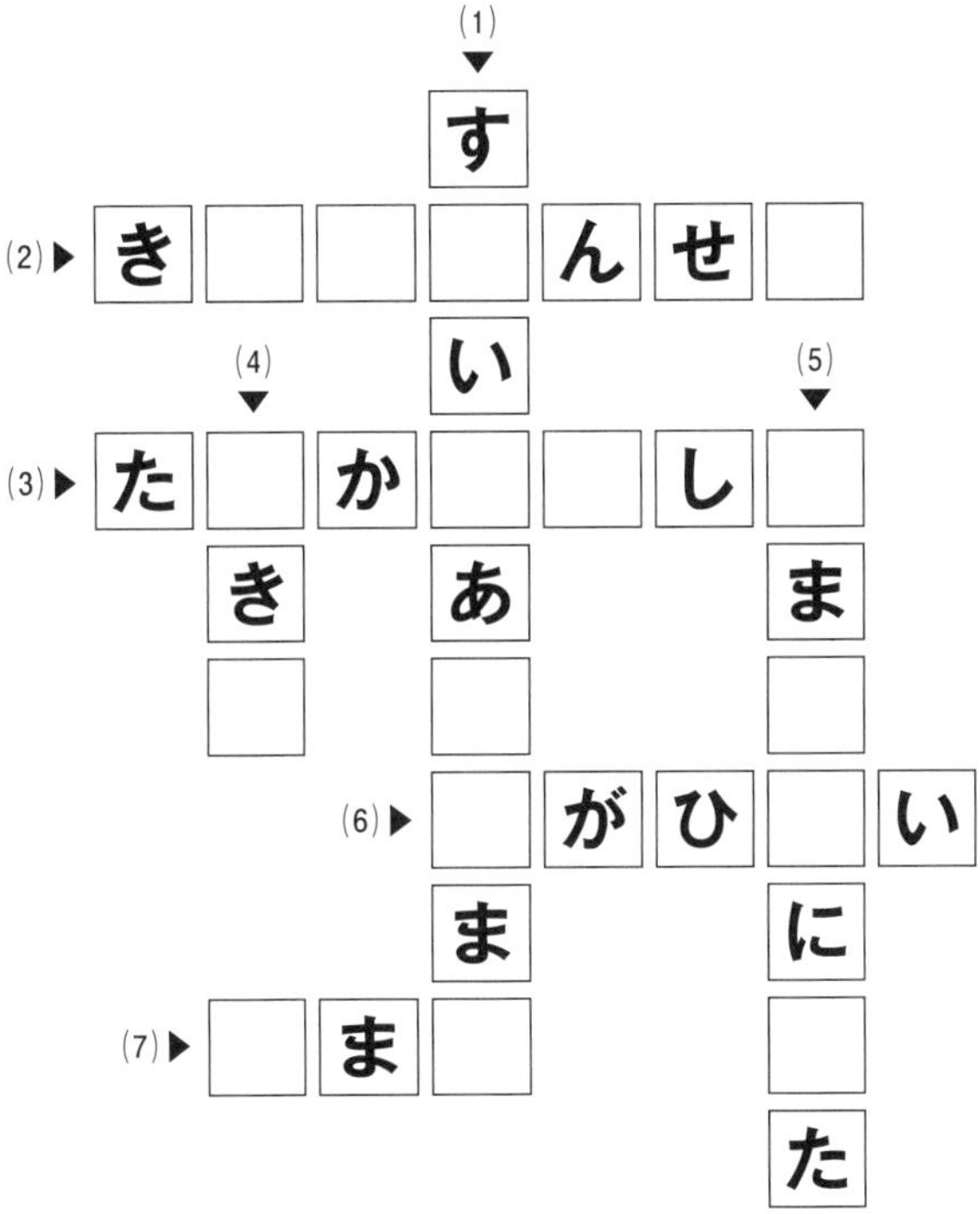

ヒント

(1) 兄貴《あにき》と同居《どうきょ》しています

(2) もう乗船《じょうせん》できません

(3) 間違いありませんよ。返してください

(4) サイン、お願いします

(5) ときどき変な歩き方をするねえ

(6) 緊張《きんちょう》が原因《げんいん》でしょうか、痛みます

(7) 昼食《ちゅうしょく》をさっさと……

Q5

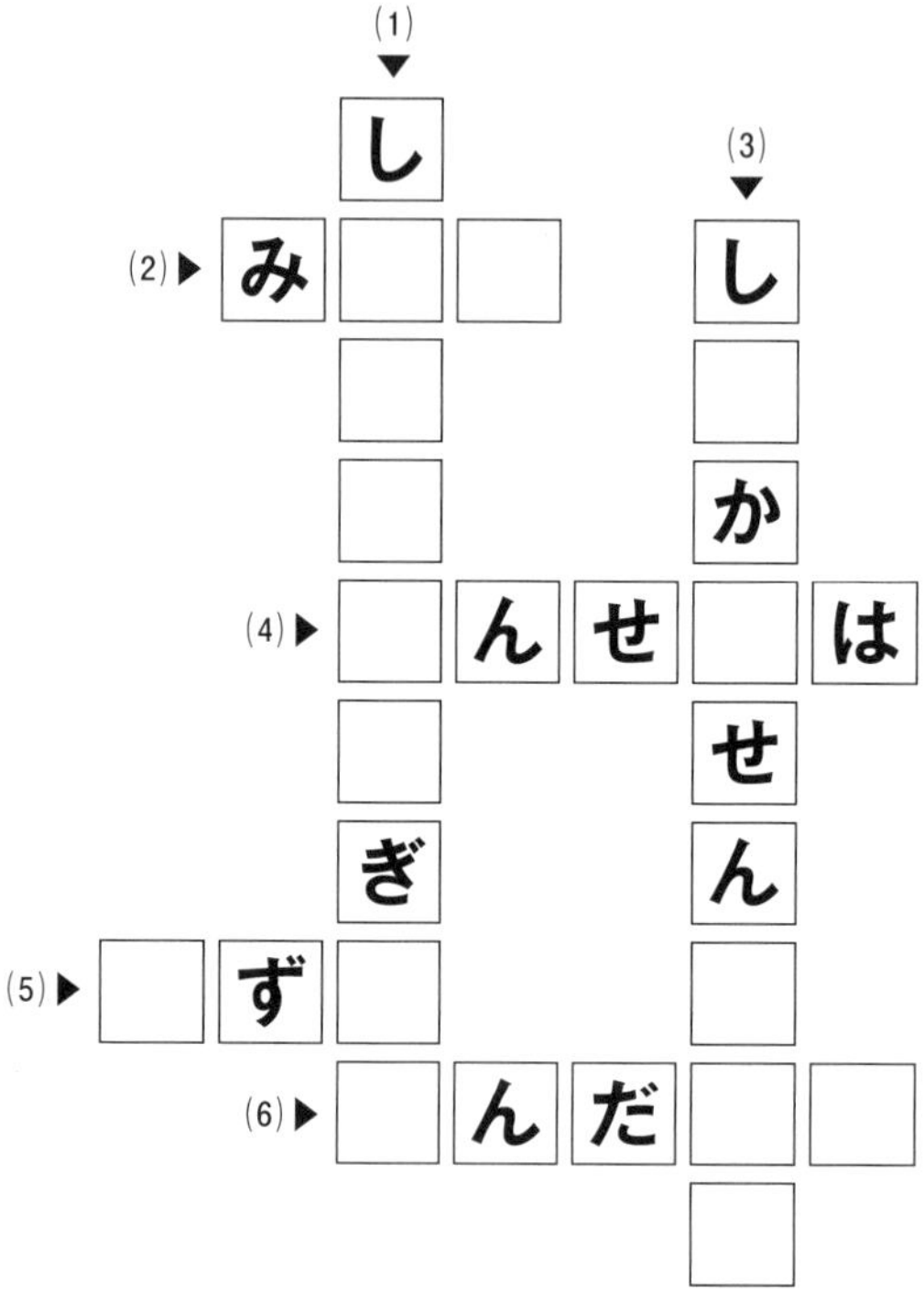

ヒント

(1) もう振袖《ふりそで》はありませんよ。入《にゅう》荷《か》待《ま》ち

(2) この方角《ほうがく》だけが「回文」

(3) 日本を代表する鉄道だけど、しっかり見《み》張《は》っておかないとね

(4) 平和を愛するグループ

(5) 春の七草《ななくさ》のうち「回文」はこれだけ

(6) 観察《かんさつ》して調べて判断《はんだん》する人

答え

Q1

(1)かないのいなか（家内の田舎）

(2)すいす（スイス）

(3)たしかにかした（確かに貸した）

(4)しきし（色紙）

(5)たまにがにまた（たまにガニマタ）

(6)いがひがい（胃が被害）

(7)すます

Q2

(1)みがかぬかがみ（磨かぬ鏡）

(2)さかさ（逆さ）

Q3

(1)わたしまけましたわ（私負けましたわ）

(2)かじぶじか（火事無事か）

(3)しんぶんし（新聞紙）

(4)かんけいないけんか（関係ないけんか）

Q4

(1)すまいにあにいます（住まいに兄います）

(2)きせんまんせき（汽船満席）

Q5

(1)しなぎれはれぎなし（品切れ晴れ着なし）

(2)みなみ（南）

(3)しんかんせんかんし（新幹線監視）

(4)はんせんは（反戦派）

(5)なずな

(6)しんだんし（診断士）

回文方程式　理科系的回文のつくり方

基本問題①

問：「造花《ぞうか》」を使って回文をつくれ（言葉をさかさまにする時は「∞」を用いよ）。

（解）

ぞうか……a　　　　∞**かうぞ**……b

a＋b＝**ぞうか**＋**かうぞ**＝**ぞうかかうぞ**

ナメラカ因数《いんすう》として「**を**」を中央に入れる。

ぞうか＋**を**＋**かうぞ**＝**ぞうかをかうぞ**

（答）**造花を買うぞ**

基本問題②

問：「見事な」を使って回文をつくれ（言葉をさかさまにする時は「∞」を用いよ）。

（解）

みごとな……a　　　　∞**なとごみ**……b

bが意味を持つための1文字を考える。

「あ」「は」「こ」「し」「す」「た」「つ」「わ」が成立。

その中で、適解《てきかい》は「**あ**」。

あ＋b＝**あ**＋**なとごみ**＝**あなとごみ**……c

a＋c＝**みごとな**＋**あなとごみ**＝**みごとなあなとごみ**

（答）**見事な穴とごみ**

応用問題①

(ヒラメキ因数《いんすう》を１つ用いる〈１次ヒラメキ因数《いんすう》〉)

問：「スリム」を使って回文をつくれ（言葉をさかさまにする時は「∞」を用いよ)。

(解)

すりむ……a　　　　**∞むりす**……b

「むりす」で回文が終わることは考えにくい。

この回文はbではじまり、aで終わると設定。

bを「無理す」と考え、「れば」「るな」「ると」と接続。

(1) **むりす**＋**れば**＝**むりすれば**（**∞ばれすりむ**)

(2) **むりす**＋**るな**＝**むりするな**（**∞なるすりむ**)

(3) **むりす**＋**ると**＝**むりすると**（**∞とるすりむ**)

この中で(3)に注目。

「スリム」と「とる」から導き出されるヒラメキ因数《いんすう》より、

「**ふとる**（太る)」……c

(3)＋c＝**むりすると**＋**ふとる**

＝**むりするとふとる**（無理すると太る）……d

この設定より、

d＋a＝**むりするとふとる**＋**すりむ**＝**むりするとふとるすりむ**

(答) **無理すると太るスリム**

応用問題②

（ヒラメキ因数《いんすう》を１つ用いる＝１次ヒラメキ因数《いんすう》）

問：「遺伝子」を使って回文をつくれ（言葉をさかさまにする時は「∞」を用いよ）。

（解）

いでんし……ａ　　　　　∞**しんでい**……ｂ

ｂ＝しんでい＝死んでい、とする。この後に続くものとして、

⑴ 死んでいるか＝**しんでいるか∞かるいでんし**……ｃ

⑵ 死んでいないか＝**しんでいないか∞かいないでんし**……ｄ

⑶ 死んでいても＝**しんでいても∞もていでんし**……ｅ

それぞれにヒラメキ因数《いんすう》を導き出す。この時、対称形《たいしょうけい》に注意しながら、遺伝子のイメージをふくらませること。

ｃのヒラメキ因数《いんすう》は「わかる（解る）」。すなわち、

しんでいるか（わ）かるいでんし

＝**死んでいるか解る遺伝子**（答１）

ｄのヒラメキ因数《いんすう》は「きかい（奇怪）」。すなわち、

しんでいないか（き）かいないでんし

＝**死んでいないか奇怪な遺伝子**（答２）

ｅのヒラメキ因数《いんすう》は「たもて（保て）」。すなわち、

しんでいても（た）もていでんし

＝**死んでいても保て遺伝子**（答３）

応用問題③

(ヒラメキ因数《いんすう》を次々に用いる＝多次ヒラメキ因数《いんすう》)

問：「きつね（狐)」を使って３通りの回文をつくれ（言葉をさかさまにする時は「∞」を用いよ)。

(解１)

きつね……a　　　　∞**ねつき**……b

a＋b＝**きつね**＋**ねつき**＝**きつねねつき**＝きつね寝つき

ナメラカ因数《いんすう》「の」を加える。

(答）**きつねの寝つき**

(解２)

bに対し、「きつね」から発想される以下のヒラメキ因数《いんすう》を用いる。

か＋b＝**かねつき**（鐘つき）……c

は＋b＝**はねつき**（羽根つき)

ほ＋b＝**ほねつき**（骨付き)

(答）**きつね鐘つき、きつね羽根つき、きつね骨付き**

(解３)

cに注目。２つ目のヒラメキ因数《いんすう》を考える。

すなわち、

きつね＋（ヒラメキ因数《いんすう》）＋**かねつき**……d

このヒラメキ因数《いんすう》は「か」ではじまることと対称形《たいしょうけい》、さらに、きつねの行為の内容を考えて、「かんしん（感心)」が導き出される。

dに代入。

きつね＋**かんしん**＋**かねつき**＝**きつねかんしんかねつき**

(答）**きつね感心、鐘つき**

遅ればせながら自己紹介、「ナビびな」です！

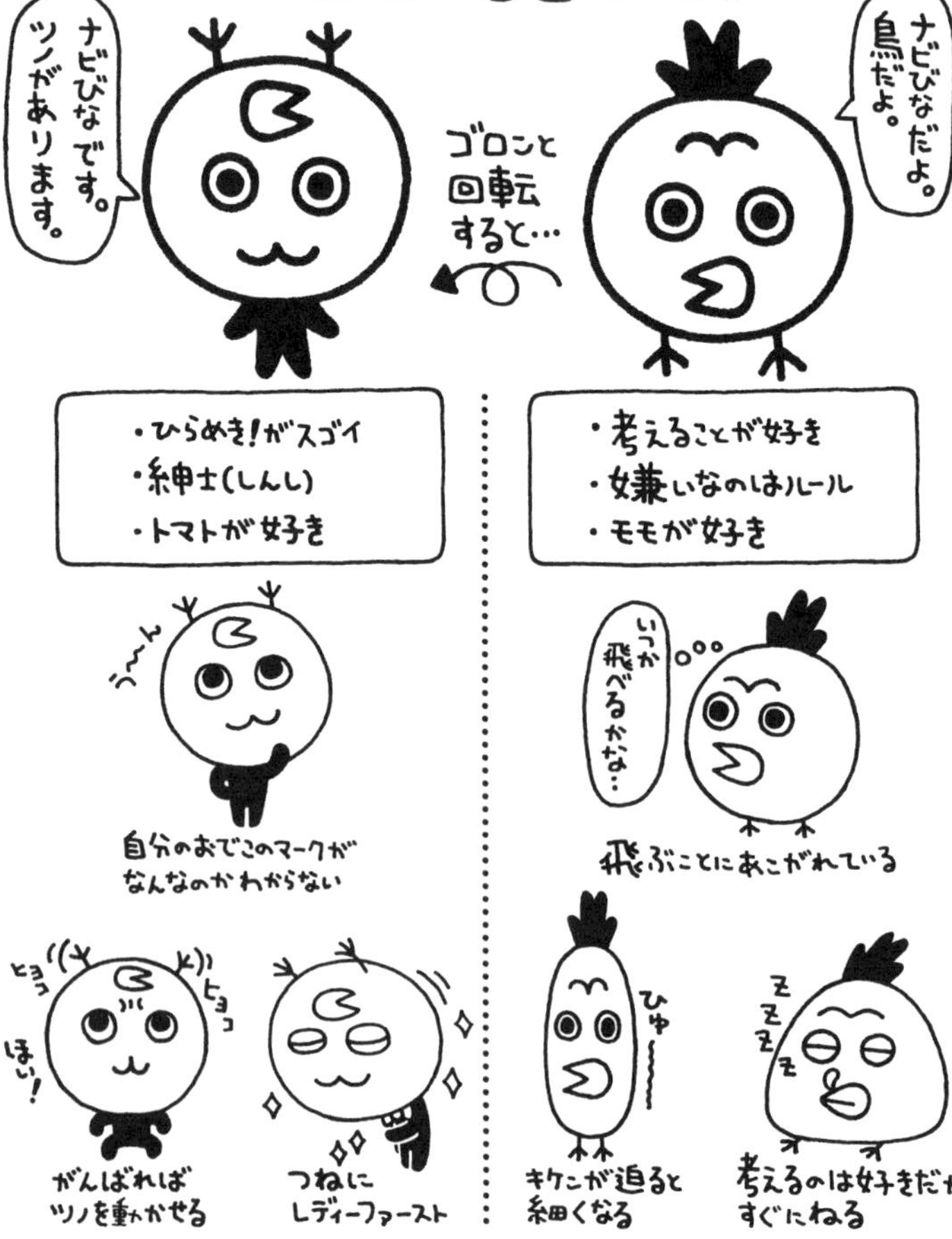

ワイルド、踊《おど》る岩《いわ》

馬《うま》や牛《うし》、うやまう

水筒《すいとう》と椅子《いす》

種《たね》まき、まねた

いるだけでけだるい

推理《すいり》・夢《ゆめ》・揺《ゆ》り椅子《いす》

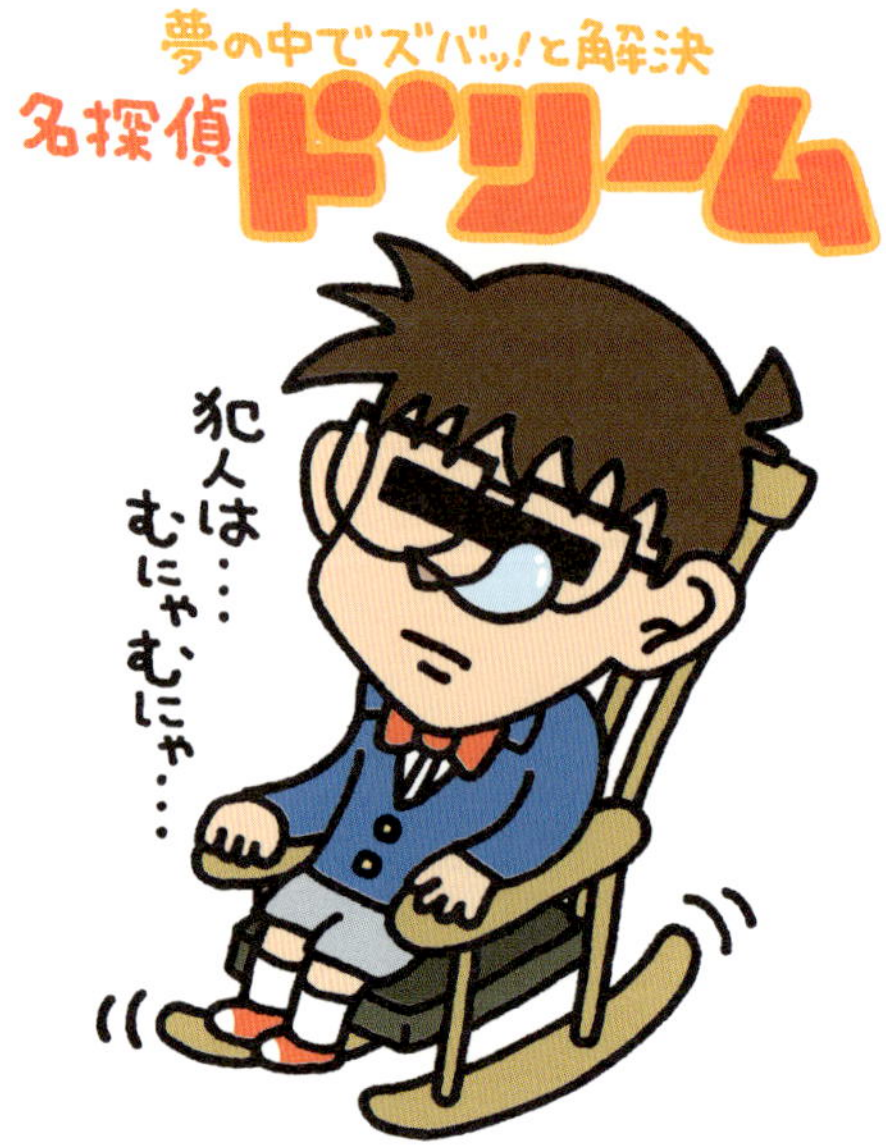
夢の中でズバッ!と解決
名探偵ドリーム
犯人は…むにゃむにゃ…

またあとで、
腕《うで》と頭《あたま》

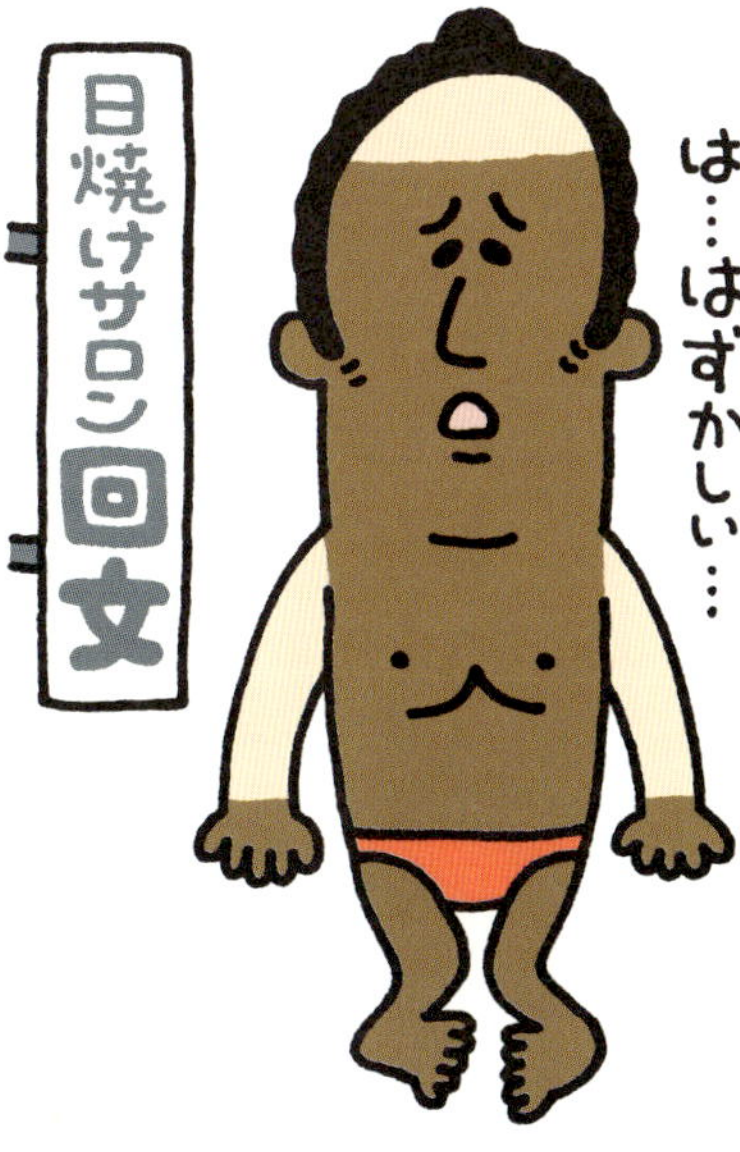

関係《かんけい》ある？（愛犬家《あいけんか》）

点をつけたのは、キミか？

ダンベルが津軽弁《つがるべん》だ

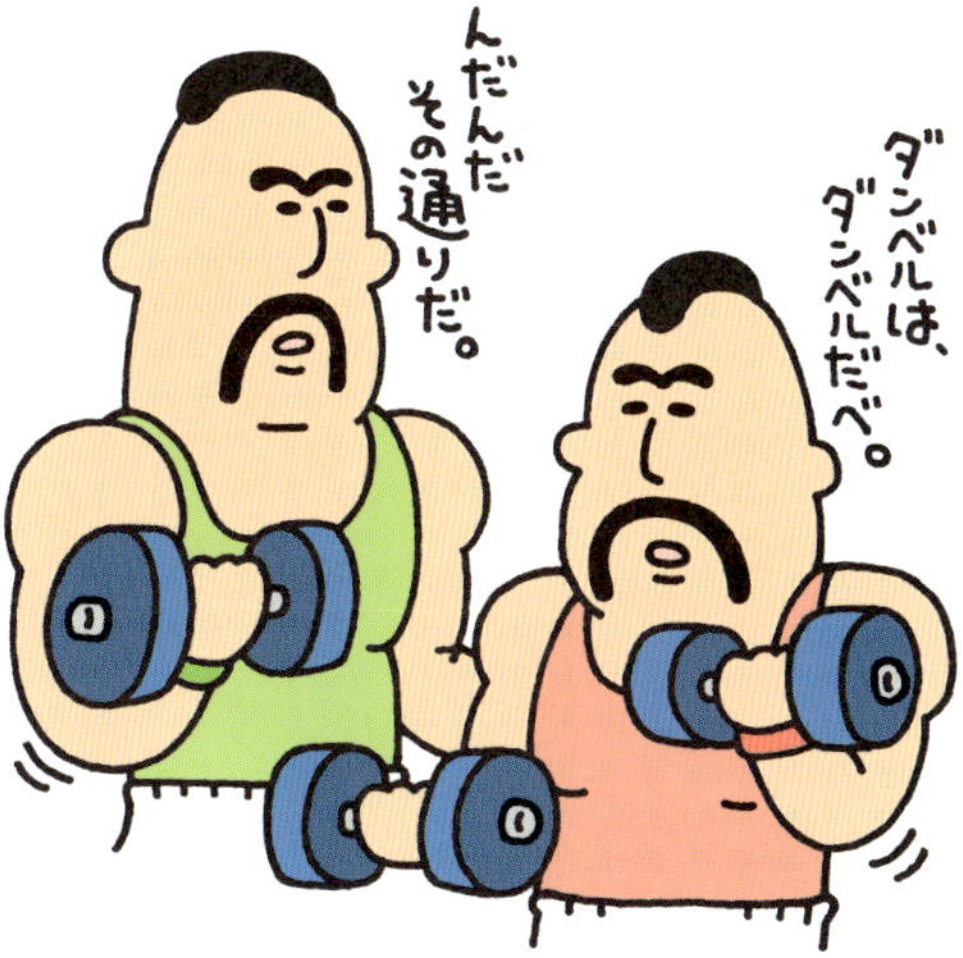
ダンベルは、ダンベルだべ。
んだんだその通りだ。

担《かつ》いで五日《いつか》

無理《むり》すると太《ふと》るスリム

見《み》せなさい、小さなセミ

メカニカル、鶴《つる》・蟹《かに》・亀《かめ》

下品《げひん》、切《き》りなよ、
成金《なりきん》ひげ

来《き》て！すごい迷子《まいご》、ステキ！

スリルがあり盛《も》り上《あ》がるリス

高知出身の力士と言えば四代目朝潮《あさしお》太郎さ。押し相撲《ずもう》で大関《おおぜき》になったのさ。荒磯《あらいそ》親方《おやかた》、つまり元横綱《もとよこづな》の稀勢《きせ》の里《さと》だって言ってるよ。現在の大相撲《おおずもう》でも十分通じるパワーだって。

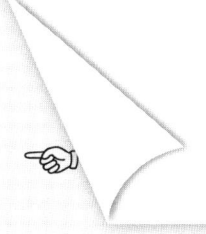

土佐の関取・朝潮は行く。
得意は「押し」さ。
「あり！」と稀勢の里

（とさのせきとりあさしおはいくとくいはおしさありときせのさと）

あ、やばい。殿下《でんか》が熱い薬缶《やかん》に手を伸ばしたよ。珍しいんだろうね、宮《きゅう》殿《でん》じゃ見たことないもの。あっ、触っちゃったよ、救護班《きゅうごはん》！　ＳＰ（要人《ようじん》警護《けいご》）も楽じゃないね。はい、一般人は下がって、下がって！

どけ！ヤカンで殿下やけど！

（どけやかんででんかやけど）

福島第一原発《げんぱつ》、廃炉《はいろ》まであと四〇年という人もあれば、一〇〇年という説もあります。いずれにせよ、我々の子孫《しそん》に引き継いでいってもらうことになります。負《ふ》の遺産《いさん》ということですね。

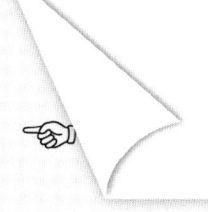

引き継いだ課題「月日」

（ひきついだかだいつきひ）

まるで、恋をした少女がため息をつくように、蚕《かいこ》は口から細い細い糸を吐《は》きます。それをより合わせたものが生糸《きいと》、生糸を織《お》ったものが絹《きぬ》。繊細《せんさい》ですね。

蚕の吐息、生糸の恋か

（かいこのといきいとのこいか）

もともと向いてないんだよ、あいつが兵士になるなんて。薬に頼ってるそうじゃないか。早く帰って来い、戦争なんかなくなればいいのに！

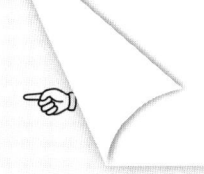

手に鎮静剤（戦地にて）

（てにちんせいざいせんちにて）

よい回文とは

よい回文とは何でしょうか？　回文の評価基準として私は、①切れ味、②ユーモア、③意味の深さ、④品位《ひんい》、⑤長さ、⑥新奇性《しんきせい》を考えています。

①は短いものに適用されます。「素手《すで》です」「タフなふた」「弾丸《だんがん》だ」「約束《やくそく》や」「水筒《すいとう》と椅子《いす》」「この木《き》のキノコ」「鈴《すず》はずす」などがあげられます。耳で聞いても回文の楽しさが伝わってきます。

②回文に求められるものはまずユーモアでしょう。思いもよらぬ言葉の組み合わせ、意外な意味の誕生です。「保安官《ほあんかん》あほ」「チンピラピンチ」「ワクチン・ちくわ」「やばそう、そば屋《や》」「たまにガニマタ」「馬《うま》や牛《うし》、うやまう」「スリルがあり盛《も》り上《あ》がるリス」「メカニカル、鶴《つる》・蟹《かに》・亀《かめ》」

③は回文にすることで生まれた意味の深さです。「嘘見透《うそみす》かすカスミソウ」「仲良《なかよ》ししよかな」「無理《むり》すると太《ふと》るスリム」「金婚式《きんこんしき》し、かつ懐《なつ》かしき新婚期《しんこんき》」「少《すく》ない愛《あい》なくす」

④は回文のかっこよさです。スタイリッシュな回文とも言えます。下《しも》ネタや下世話《げせわ》な内容にならず、インテリジェンスを感じるもの。「感謝《かんしゃ》した写真家《しゃしんか》」「推理《すいり》・夢《ゆめ》・揺《ゆ》り椅子《いす》」「師《し》といます。毎年《まいとし》」「滝《たき》でつながりが夏《なつ》できた」「蚕《かいこ》の吐息《といき》、生糸《きいと》の恋《こい》か」「悔《く》やみがてら手紙焼《てがみや》く」

⑤回文の長さに感心する人が多くいますが、あまり長いと回文の音の楽しさが失われ、また、言葉に無理が出ます。そこを乗り切ってある程度の長さがありながら鮮《あざ》やかなもの。「俺《おれ》、利害《りがい》なし。意見関係《いけんかんけい》しない(ガリレオ)」「くっ！巫女《みこ》、うら若《わか》いせいか笑《わら》うコミック」「『怪談《かいだん》』『奇談《きだん》』『すすり泣《な》く』なくなり進《すす》んだ近代化《きんだいか》」

⑥回文という体裁《ていさい》を保ちながらいろいろな試みが行われています。その新奇性を評価します。「岩砕《いわくだ》く(Y《ワイ》)」「一文字《いちもじ》『餅《もち》』『胃《い》』」「**地元**《じもと》（太文字《ふともじ》）」「『む』と『も』、『め』と『ま』と『み』と、まとめ求《もと》む」。ローマ字回文「USAGI NO KO NIGASU」

回文作品はこれらの評価基準のいずれかで、高いレベルにあるべきだと考えています。

回文早口言葉

回文と早口言葉には共通点があります。あるルール・目的のために構築《こうちく》され、偶然意味を持ったという言葉だからです。この二つを合体してみました。

まず上の回文を読み、次に下の読み仮名を、全速力で読んでみよう！

来て！すもももももも素敵！（きてすもももももすてき）

危機聞き樹木希林万力効き機器毀棄（きききききりんまんりききききき）

初心・写真・書士（しょしんしゃしんしょし）

挙手所持助手書記（きょしゅしょじじょしゅしょき）

種々新種樹脂（しゅじゅしんしゅじゅし）

庭に二羽鶏と鰐・鰐に鰐（にわににわにわとりとわにわににわに）

退陣派・人権派違反、検事判事いた（たいじんはじんけんはいはんけんじはんじいた）

舌を噛《か》まないように。では最後の早口。

檀家・足し算・捻挫・舌噛んだ（だんかたしざんねんざしたかんだ）

回文連発（二発目）

回 ライン既読《きどく》問題

口説き文句だ、わかる？川田君も既読
（くどきもんくだわかるかわだくんもきどく）

口説き文句だ、飯田くんも既読
（くどきもんくだいいだくんもきどく）

口説きもした、私も既読
（くどきもしたわたしもきどく）

田舎問題

田舎静か、おいしいおかずしかない
（いなかしずかおいしいおかずしかない）

田舎、新鮮。関心、新幹線しかない
（いなかしんせんかんしんしんかんせんしかない）

田舎、市営の家しかない
（いなかしえいのいえしかない）

回 **干支音階問題**（えと おんかい）

シドラと歌う寅年 （しどらとうたうとらどし）

シドミと歌うと巳年 （しどみとうたうとみどし）

シドシ、丑年 （しどしうしどし）

シドシシの亥年 （しどししのいのししどし）

空からソ （そらからそ）

回 雑誌特集問題

「イカっ！飯蛸？」（第一回）
（いかっいいだこだいいっかい）

「イカ二位だ」（第二回）
（いかにいだだいにかい）

「いかん犀だ！」（第三回）
（いかんさいだだいさんかい）

「いかん、宵立ち」（第四回）
（いかんよいだちだいよんかい）

「以下五位だ」（第五回）
（いかごいだだいごかい）

◎ 黙《だま》る問題

だまる、車だ（だまるくるまだ）

だまる、ダルマだ（だまるだるまだ）

だまる、ビルマだ（だまるびるまだ）

だまる、春まだ（だまるはるまだ）

だまる、猿まだ（だまるさるまだ）

だまる、ノルマだ（だまるのるまだ）

だまる、ブルマだ（だまるぶるまだ）

だまる、昼間だ（だまるひるまだ）

あべこべカルタ

回 あべこべカルタのルール

◆**札のとり方**……読《よ》み札《ふだ》を聞いたら、頭の中でさかさまにしよう。そのさかさまとつながって回文になる絵《え》札《ふだ》をとろう。とった人は「回文」をみんなに聞こえるように言う。うまく言えればその札をゲットできる（言えなければこの読み札を最後にまわす）。

例：「やばそう」と聞いて「そば屋」をとった場合、「やばそうそば屋」と大きな声で。

◆**読み札の読み方**……読んだあと、①そのまま、②一（二、三、四……）文字たす、③一（二、三、四……）文字とる、のいずれかをつけ加える（読み札に書いてあります）。

例：「マジで？」はそのままさかさまに↓「マジで？出島（まじででじま）」、「外科と決まり」に一文字たす↓「外科と決まり、**エ**リマキトカゲ」

裏《うら》ワザ

一文字たす

外《げ》科《か》と決《き》まり

一文字たす

やばそう

一文字とる

あ
あざ笑《わら》う
やめてよ

そ
そばや

え
エリマキトカゲ

リスの

一文字とる

仲《なか》良《よ》し

そのままさかさまに

いるだけで

一文字とる

け
けだるい
す
スリ
し
しよかな

曲《ま》がる、来《く》る

三文字とる

蹴《け》鞠《まり》

一文字たす

マジで？

そのままさかさまに

で
出島《でじま》

が
げろげろ
ガマ

せ
せり負《ま》け

ツールの

一文字とる

占《うらな》い

一文字とる

石《いし》井《い》おばさん

一文字とる

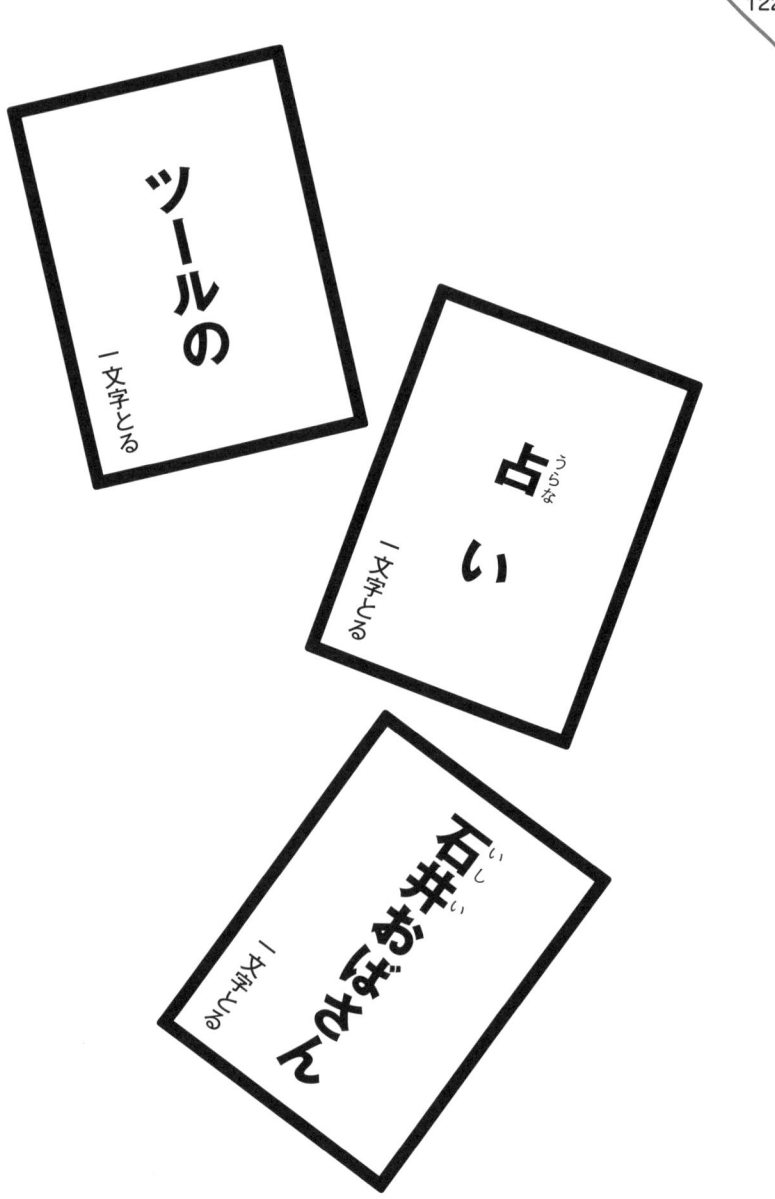

さ
鯖《さば》おいしい
おばさん さいこー！

な
習《なら》う
手相

る
ルーツ
切れる

恋《こい》だ

一文字たす

馬《うま》や牛《うし》

一文字とる

虫《むし》の探検《たんけん》

三文字とる

わ
和太鼓《わだいこ》
好きだあ～

た
楽《たの》しむ

う
うやまう

回文連発（三発目）

回 この子問題

この子どこの子？（このこどこのこ）

この木のきのこ（このきのきのこ）

この簀子（このすのこ）

この鋸（こののこ）

この火の火の粉（このひのひのこ）

この辺野古（このへのこ）

この子と男の子（このことおとこのこ）

この臭い、鬼の子？（このにおいおにのこ）

◎ムジナ問題

ムジナになり顔やオカリナに馴染む
（むじなになりかおやおかりなになじむ）

ムジナ、里奈になり、馴染む
（むじなりなになりなじむ）

ムジナ、里奈になりすまし楽に暮らします。里奈になり、馴染む
（むじなりなになりすましらくにくらしますりなになりなじむ）

医師問題

医師、ビキニきびしい（いしびきにきびしい）

医師らしい（いしらしい）

医師だ、正しい（いしだただしい）

医師、靴美しい（いしくつうつくしい）

医師薬害が悔しい（いしやくがいがくやしい）

医師らだいたい怠惰らしい（いしらだいたいたいだらしい）

医師の旅楽しい（いしのたびたのしい）

医師、本欲しい（いしほんほしい）

医師のたまう、馬楽しい（いしのたまううまたのしい）

ISI NO KO KONISI（医師の子、小西　いしのここにし）

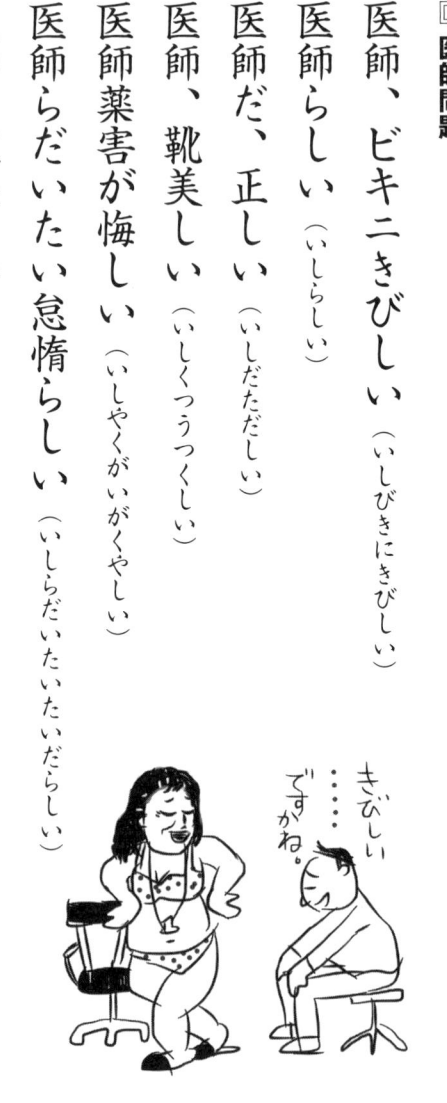

回 勇ましいマサイ問題

勇ましい兵士、マサイ（いさましいへいしまさい）

勇ましい大使、マサイ（いさましいたいしまさい）

勇ましい妻子、マサイ（いさましいさいしまさい）

勇ましい生死、マサイ（いさましいせいしまさい）

勇ましい名刺、マサイ（いさましいめいしまさい）

申請（サマンサさん）マサイ戦士（しんせいさまんささんまさいせんし）

勇ましい戦死、申請し「マサイ」（いさましいせんししんせいしまさい）

勇ましくたわいない、わたくしマサイ（いさましくたわいないわたくしまさい）

マサイ人、爺様（まさいじんじいさま）

回文新機軸

「さて、今回も新しい回文の地平線《ちへいせん》に出発だ」
「たいそうな。でも、うかがいましょう」
「今回は『文字もの』回文だ」
「は？」
「刃」「怪」免除、人名漢字（じんかいめんじょじんめいかんじ）
「おお、人名漢字か。昔、息子に『悪魔《あくま》』という名前をつけた人がいたね」
幕開け・悪魔（まくあけあくま）
「続けてください」
地元（**太文字**）（じもとふともじ）
地元故郷去る（**太文字**）（じもとふるさとさるふともじ）
「地元って太文字にする意味は？」
「ま、強調《きょうちょう》ってことかな」
「区間」何画？（くかんなんかく）
薄く書く画数（うすくかくかくすう）
「太文字のあとは薄く書く、か。区間は十七画《かく》」
区画・数字、薄く書く（くかくすうじうすくかく）
「あ、今度は強調しない、と」
一文字「餅」「胃」（いちもじもちい）
二文字も「タフ」（ふたもじもたふ）
「自問」三文字（じもんさんもじ）
「その先は？」

六文字、文字も黒（ろくもじもじもくろ）
「統一性《とういっせい》はないんだね」
「まあね」
岩砕く（Y）（いわくだくわい）
家建てた（A）（いえたてたえい）
末娘住む（S）（すえむすめすむえす）
笛弱く吹くわよ（F）（ふえよわくふくわよえふ）
池の中なの（K）（いけのなかなのけい）
鵺鳴いたみたいな（N）（ぬえないたみたいなえぬ）
居合い（I）（いあいあい）
ダービー（B）だ（だーびーびーだ）
カンガルー（R）眼科（かんがるーあーるがんか）

「なるほど。**岩井さん関西（Y）**（いわいさんかんさいわい）とかも？」

「そうそう。ところで、永遠回文というのを考えた」

魂、石、また、魂、石、また、魂、石、またた……（たましいいしまたたましいいしまたたましいいしまた……）

「確かに新機軸《しんきじく》……だけど回文になってるのかなあ」

「**クジ禁止新機軸**（くじきんししんきじく）と思わず言ってしまいました。関係ないけど」

「もう、回文師の性《さが》だねえ。気の毒に」

回文あいうえお教室

あの子（あのこ）の　あ

猪（いのしし）の　い

右脳（うのう）の　う

絵の具（えのぐ）の　え

斧（おの）の　お

可能（かのう）の　か

昨日（きのう）の　き

苦悩（くのう）の　く

毛の数わずか（けのかずわずか）の　け

好み（このみ）の　こ

さのさの　さ

忍（しのび）の　し

簀子（すのこ）の　す

背伸び（せのび）の　せ

その場（そのば）の　そ

頼む（たのむ）の
た

知能（ちのう）の
ち

角（つの）の
つ

手乗り（てのり）の
て

殿（との）の
と

七日（なのか）の
な

二の句（にのく）の
に

布（ぬの）の
ぬ

子の日（ねのひ）の
ね

罵る印（ののしるしるし）の
の

ハノイの
は

日野（ひの）の
ひ

不能（ふのう）の
ふ

辺野古（へのこ）の
へ

ほのかの
ほ

間延び（まのび）の **ま**

美濃（みの）の **み**

無能（むのう）の **む**

瑪瑙（めのう）の **め**

物言い（ものいい）の **も**

矢野君文句（やのくんもんく）の **や**

湯呑（ゆのみ）の **ゆ**

世の苦楽（よのくらく）の **よ**

倭の奴（わのな）の **わ**

余談（よだん）の **ん** だよ

ラノベの **ら**

離農（りのう）の **り**

ルノーの **る**

レノンの **れ**

炉の火（ろのひ）の **ろ**

回文ペア③

かんたんな指南、短歌（かんたんなしなんたんか）

つくりにくい俳句に理屈（つくりにくいはいくにりくつ）

「M」猿着る作務衣
（えむさるきるさむえ）

猿、軽々（軽さ）
（さるかるがるかるさ）

中にナゾナゾなにかな？（なかになぞなぞなにかな）

答「たこ」？（こたえたこ）

大敵、ガンマンが来ていた（たいてきがんまんがきていた）

輪投げ・投げ縄（わなげなげなわ）

異例警察最敬礼（いれいけいさつさいけいれい）

時効・痛恨・交通・孤児（じこうつうこんこうつうこじ）

また洗う。手も表裏、頭
（またあらうてもおもてうらあたま）

また洗うの？幸せお世話。足の裏、頭
（またあらうのしあわせおせわあしのうらあたま）

朝だ、さあ！（あさださあ）
昼晩がんばる日（ひるばんがんばるひ）
夜？寝るよ（よるねるよ）

農家で麦を義務で買うの？
（のうかでむぎをぎむでかうの）

麦、農村運送の義務？
（むぎのうそんうんそうのぎむ）

ナンが焼けたよ！　インドの子どもたちは行《ぎょう》儀《ぎ》がいいね。はい、まず男の子に。次は女の子にあげましょう。ところで、ナンはインドのパンだけど、数えるときの単位は何だろう？「枚」それとも「シート」？　ま、いいや。

二個のナン、男の子と女の子に

（にこのなんおとこのことおんなのこに）

はい、事実です。間違いありません。付き人をぶんなぐったのは私の弟子《でし》でございます。申し訳ありません。

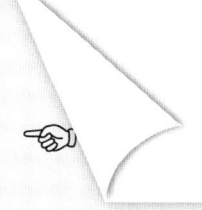

確か、弟子しでかした

（たしかでししでかした）

さがしてますよ、東京二三区の外もね。でも、これだけ警官を動員《どういん》しても
捕《つか》まらないのは、そうとう意外な手を使って逃げているんでしょうねぇ。

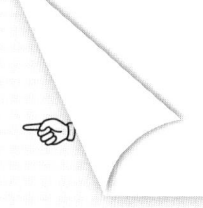

意外な逃走、都内外

（いがいなとうそうとないがい）

新製品をぜひお試しください。気になる錆《さび》や、とれない錆、すべてきれいにいたします。製品名ですか？「サルトビサスケ」と申します。

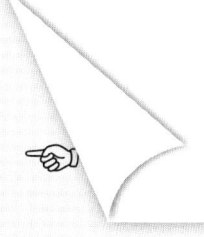

消す錆、取る錆「猿飛佐助」

（けすさびとるさびさるとびさすけ）

巫女《みこ》さんが笑ってるよ。なんだろう？　そっとのぞいてみたら漫画を読んでました。ま、一日中、鈴を振ったり御守《おまも》りを売ったり、たいへんだね、若いのに。

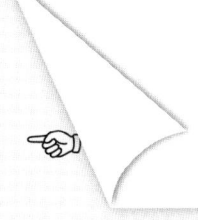

「クッ！」巫女、うら若いせいか、笑うコミック

（くっみこうらわかいせいかわらうこみっく）

「土筆《つくし》が生《は》えたからにはもう大丈夫。良い土壌《どじょう》に戻りました」と、お伝えしたのですが、まだ疑《うたが》っておられる様子で、手でまわりを掘って確かめておられました。

土筆出ても、
どんなとこ？と何度も手で試掘

（つくしでてもどんなとことなんどもてでしくつ）

回文万博

「二〇二五年大阪万博《ばんぱく》、決定したね」

『世界中の人が日本に来るね』

「前もって二人で回文をつくっておこう」

『準備が大切だからね』


「まず、アジア」

「漢字で書いても**亜細亜**（あじあ）」

「**タイにいた**」

「**ベトナム、霧。力むな飛べ**（べとなむきりりきむなとべ）」

「**マカオのオカマ**」

「**イラン、本来**（いらんほんらい）」

「**暗いイラク**（くらいいらく）」


「**ありし日の、あの日シリア**（ありしひのあのひしりあ）」

「**3＋2、めくるとトルクメニスタンさ**（さんたすにめくるととるくめにすたんさ）」

「**良すぎる、キルギスよ**（よすぎるきるぎすよ）」


『じゃ、僕はヨーロッパ、行ってみよう！』

『**スイス**』

『**イタリヤでやりたい**』

『**あ、尻ギリギリ、ギリシア**（あしりぎりぎりしあ）』

「それ、前にどこかで見たね」

『**兄、アトリエ。リトアニア**（あにあとりえりとあにあ）』

『**兄と末っ子、ここっ！エストニア**（あにとすえっこここっえすとにあ）』

『**シール、ラベル、ベラルーシ**』

『**粉も、モナコ**（こなももなこ）』

「次は中南米！」

「**胡座、蟹、ニカラグア**（あぐらかににからぐあ）」

「**借りた少し、コスタリカ**（かりたすこしこすたりか）」

「**腰決めて撃て、メキシコ**（こしきめてうてめきしこ）」

「**律儀チリ**（りちぎちり）」

『アフリカは、わたくしが』

『**借り、不安。アフリカ**（かりふあんあふりか）』

『**スーダン、三ダース**（すーだんさんだーす）』

『**兄、ケニア**（あにけにあ）』

『**兄、ギニア**（あにぎにあ）』

『**蟻とリエとエリトリア**（ありとりえとえりとりあ）』

『**縄、壺、ボツワナ**（なわつぼぼつわな）』

『**有馬、ソマリア**（ありまそまりあ）』

『**和ダンスにゴン、コンゴに住んだわ**（わだんすにごんこんごにすんだわ）』

「ローマ字もやっとこう。念のため」

「**ADANA, CANADA**（あだ名カナダ）」

「**ASU, USA**（明日USA）」

『「**OSAKA SAKASO**（大阪咲かそ）」っていうのもあったね』

「**世界遺産関西生かせ**！（せかいいさんかんさいいかせ）」

あとがき

「笑う回文教室」の授業はまだまだ続きます。

まだ誰も気がついていない、すごい回文があるのではないか。

何気なく日常使っている言葉の中に、実は回文がひそんでいるのではないか。

ニュースの中に、新しい用語に、回文の要素はないのか。

言葉のさかさまに「真理」が埋め込まれているのではないか。

それは、まだ言葉がない時の神のしわざなのではないか。

あれやこれや、気の落ち着かない日々であります。

回文に手を染めた者の責任として、追究《ついきゅう》の手をゆるめることはできません。

それはさておき、本書及び前著『たのしい回文』をぜひ座右《ざゆう》に置いていただきたいと思います。そして、ちょっと機嫌《きげん》が悪い日などに開いていただくことをおすすめします。笑えます。
本書に載せたいくつかの作品・イラストに、個人名や著名なキャラクターを連想させるものがあります。それらは「さかさま」「あべこべ」の世界をさまよっていた時の偶然の出会いです。どうか、言葉と絵のお遊びに免じておゆるしくださいませ。

前著に引き続き、プロフェッショナルな手腕でこの本を仕上げ、世に出してくださった創元社の松浦利彦さん、古賀千智さんに感謝いたします。また、イラストによるユニークな回文の解釈、及びこの本に大きなパワーを加えてくださったモリタヒロユキさん、シュアなプロデューサー・阪上寿満子さんに謝辞を述べたいと思います。最後に、応援してくれた家族にも、ありがとう。

せとちとせ

著者略歴

せとちとせ（本名　瀬戸俊昭）

一九五〇年、京都府舞鶴市生まれ。大切なことは、ビートルズとクレージーキャッツから習いました。大阪大学の学生時代はマンドリンクラブ在籍。これまでにない演奏会・パンフレットづくりを目指しました。ギターとウクレレは今も続けています。そんなこともあって、広告会社・博報堂に入社。広告の企画・制作の仕事に就きました。三〇歳を過ぎた頃からルアーフィッシングに熱中。日本のブラックバス釣りの黎明期、よく釣れましたよ。会社の中に俳句会があり、そこではじめたのが今から一五年ほど前。回文同様、その深さに魅かれていく毎日です。流行語大賞、カンヌＣＭフェスティバル銀賞、ＡＣＣ・ＴＶＣＭ金賞、ギャラクシー賞ＣＭ部門賞などを受賞。現在、個人オフィス「企画とプレゼン／キプレ」を開設。大学講師、ビートルズに関する講演、俳人協会会員。俳号は幹三（みきぞう）。著書に『たのしい回文――くるくる回るアタマをつくろう』『くるくるまわる回文ニュース』（創元社）。

笑《わら》う回《かい》文《ぶん》教《きょう》室《しつ》

アタマを回《まわ》してことばであそぼう

二〇一九年 四 月二〇日　第一版第一刷発行
二〇二三年一〇月一〇日　第一版第二刷発行

著　者　せとちとせ
発行者　矢部敬一
発行所　株式会社 創元社
〈本　社〉〒五四一-〇〇四七 大阪市中央区淡路町四-三-六
電話（〇六）六二三一-九〇一〇㈹
〈東京支店〉〒一〇一-〇〇五一 東京都千代田区神田神保町一-二 田辺ビル
電話（〇三）六八一一-〇六六二㈹
〈ホームページ〉https://www.sogensha.co.jp/
印刷　図書印刷

ISBN978-4-422-80040-0 C0076